THE ASTONISHED UNIVERSE

The Astonished Universe

L'Univers Stupéfait

poems
A BILINGUAL COLLECTION

Hélène Cardona

RED HEN PRESS | LOS ANGELES

The Astonished Universe
Copyright © 2006 by Hélène Cardona

ALL RIGHTS RESERVED

No part of this book may be used or reproduced in any manner whatsoever without the prior written permission of both the publisher and the copyright owner.

Book design by Mike Vukadinovich.

Cover design by D'Lynn Waldron, PhD.

Water crystal photograph by Dr. Masaru Emoto Copyright © 2006.

The image of the Pleiades was taken with a 12.5" Ritchey Chretien Cassagrain telescope and CCD camera from Avon, Connecticut by Robert Gendler.

ISBN-10: 1-59709-077-8
ISBN-13: 978-1-59709-3
Library of Congress Catalog Card Number: 2006922848

Published by Red Hen Press

The City of Los Angeles Department of Cultural Affairs, Los Angeles County Arts Commission and National Endowment for the Arts partially support Red Hen Press.

The author and Red Hen Press appreciate the support of the French Cultural Services in Los Angeles.

First edition

Acknowledgments

Special thanks to Sydney Pollack, Nancy & Bill Scott, Bertrand Buchin, Sylvie Christophe, Avra Petrides, Christine Von Wrangle, Michele Hall, Myrna & Richard Kettler, Patricia Hall, Jackie Weintraub, Gina & Courtney Conte, Annette Lorant, Elisabeth Fry, Gitta Walton and Ric Young for their kindness and generosity.

I am deeply thankful to Richard Wilbur, Olympia Dukakis, Alberto Villoldo, Joanne Harris, Ilya Kaminsky and Dorianne Laux for their inspiration and support.

Grateful thanks to my mother Kitty for believing in me, to my father José and my brother Rodrigo, we are a family of swans, and to my grandmother Mami for answering my prayers.

My heartfelt appreciation to Dr. D'Lynn Waldron for creating such an amazing cover and to Robert Gendler for allowing me to use his stunning photograph of the Pleiades.

Gracious thanks to Alexandra Eldridge, Christina Zorich, Jeff Silverson, Elli & Panos Peonides and Melissa Skoff for their enduring friendship, and to Mike Vukadinovich for his help.

I would also like to thank Kate Gale and Mark Cull and everyone at Red Hen Press for delivering this book into the world.

And my endless gratitude to my angel, John FitzGerald, for all the magic.

This book was conceived in English and translated into French by the author so it could be presented in a bilingual edition.

For John,
My constant companion,
With all my love.
Some search their whole lives for that elusive other
Who is simply the perfect mirror.
We are beyond fortunate we found each other.

In memory of my mother Kitty,
For her love and light,
In gratitude to my father José Manuel,
The poet from Ibiza, el cisne vallisoletano.

Table des matières

I

Ma mère Ceridwen	16
Travail d'orfèvre	18
La vie suspendue	20
Le diablotin itinérant	26
El recuerdo	28
Une maison navire	30
Étreinte de la Lune	32
L'architecte galactique	34
Pantoum d'Ouranoupolis	36

II

Aigle	42
Rituel	44
Galahad	46
Météore	50
Le temps retrouvé	52
Un Esprit comme l'Éclair	54
L'état joyeux du Divin	56
Chrysalide	58
Labourer le Cosmos	60

III

La pensée Divine est surprenante	64
C'est comme ça	66
Ex Tempore	68
Patience	70
Le cheval d'hiver	72
Jean Cocteau dévoilé	74
Aurora Mantis	76

Contents

I

My Mother Ceridwen	17
Woodwork	19
Life in Suspension	21
The Peripatetic Gremlin	27
El recuerdo	29
A House Like a Ship	31
Twisting the Moon	33
The Galactic Architect	35
Ouranoupolis Pantoum	37

II

Eagle	43
Ritual	45
Galahad	47
Meteor	51
Time Remembered	53
A Mind Like Lightning	55
The Happy State of the Divine	57
Chrysalis	59
Plowing the Cosmos	61

III

How God Thinks Is Surprising	65
C'est comme ça	67
Ex Tempore	69
Patience	71
The Winter Horse	73
Unveiling Jean Cocteau	75
Aurora Mantis	77

Derniers reflets	78
Jeux d'esprit	80

IV

La rêveuse étonnée	84
Illusionnistes	86
L'Univers Stupéfait	88
Caverne Neptunienne	90
En quête d'immortalité bienveillante	92
Shuriken	94
Tambours distants	96
À mes funérailles	98
Envoûtée	100

Afterglow 79
Mind Games 81

IV

What Surprises the Dreamer 85
Tricksters 87
The Astonished Universe 89
Neptunian Cavern 91
In Search for Benevolent Immortality 93
Shuriken 95
Distant Drums 97
At My Funeral 99
Spellbound 101

I

This place where you are right now
God circled on a map for you.
　　　　　　　　—Hafiz

I will have the gardeners come to me and recite
many flowers, and in the small clay pots
of their melodious names I will bring back
some remnant of the hundred fragrances.
　　　　　　　　—Rainer Maria Rilke

Ma mère Ceridwen

La lumière sur l'icône,
La manière dont je la perçois dans mes rêves,
Son centre à la limite des ténèbres,
Dans un chaudron magique toujours plein,
Jamais épuisé,
Qui la ramène à la vie,
Gardée par un serpent doré
Enroulé en forme d'oeuf,
Le serpent universel rassemblant
Les réserves intérieures,
Le germe d'un nouveau voyage,
Un aperçu du mystérieux et de l'insaisissable,
Une femme couronnée de belles-de-jour,
C'est ainsi qu'elle atterrit sur la page,
Oblique, le regard porté sur l'espace,
Intégrée au fond de moi,
Si ce n'est le ciel bleu éclairant son visage.

My Mother Ceridwen

The light on the icon,
The way I see her in my dreams,
The core of her at the edge of darkness,
In a magic cauldron always full,
Never exhausted,
That brings her back to life,
Guarded by a golden serpent
Coiled in the shape of an egg,
The world snake marshalling
Inner reserves,
The seed of a new journey,
A glimpse of the mysterious and elusive,
A woman in a wreath made of morning glories,
This is how she lands on the page,
Slanted, looking out in space,
Integrated within me,
Save the blue sky across her face.

Travail d'orfèvre

Si je pouvais rassembler toute la tristesse du monde,
toute la tristesse que je possède,
à l'intérieur d'une gourde,
je la secouerais de temps en temps,
pour qu'elle chante,
et me rappelle qui j'étais,
je la bénierais pour ce qu'elle m'a appris,
et la regarderais avec amour
pour qu'elle ne s'échappe pas de son récipient.

Woodwork

If I could gather all the sadness of the world,
all the sadness inside me,
into a gourd,
I'd shake it once in a while,
and let it sing,
let it remind me of who I used to be,
bless it for what it taught me,
and stare at it lovingly
for not seeping out of its container.

La vie suspendue

Permettez-moi de me présenter,
je suis la collectionneuse de souvenirs,
votre compagne et guide spirituelle.
Déroulons le temps, épluchons le passé.
Vous invoquez vos souvenirs, me les livrez en offrandes,
je les jette dans le feu, le chaudron des dénouements,
papillons, nés des cendres, qui voltigent, vous guérissent, vous libèrent
de vos bastions, vous redécouvrent pour vous réinventer.
Que la danse commence.

Je suis dans le ventre de ma mère à Paris.
Elle a peur, je veux sortir de là.
J'ai trois ans, à Terracina, Italie.
Je partage une chambre avec quatre filles.
Mon grand-père vient d'arriver de Grèce, tient mon frère sur ses genoux,
et dit, finalement un garçon, les filles ne m'impressionnent guère.

J'ai quatre ans, à Monte Carlo.
Ma mère m'emmène à l'école.
Un pigeon chie sur mon foulard. Elle me rassure, ça porte chance.
J'ai cinq ans, à Karben, Allemagne.
C'est la Saint Nicolas, mon anniversaire.
Marieluise me gave de Lebkuchen, Stollen et Pfeffernüssen.
Je suis au paradis.

Life in Suspension

Let me introduce myself.
I'm the memory collector, your companion and spirit guide.
Let's unwind the clock, peel the past.
The memories you give me, conjure up, surrender from within,
I throw into the fire, the cauldron of resolutions.
They turn into burning ashes and flickers that evolve into butterflies.
They flutter away, free and heal you of all strongholds,
so they can revisit and reinvent who you are.
Let the dance begin.

I'm in my mother's womb in Paris.
She's scared. I want to get out.
I'm three years old, in Terracina, Italy, sharing a room with four girls.
My grandfather is visiting from Greece.
He's holding my brother on his lap.
He says, it's time there was a boy, I'm not impressed with girls.

I'm four years old, in Monte Carlo.
My mother is taking me to school.
A pigeon shits on my scarf. She says, it brings good luck.
I'm five years old, in Karben, Germany.
It's Saint Nicholas day, my birthday.
Marieluise feeds me Lebkuchen, Stollen and Pfeffernüssen.
They taste like heaven.

J'ai six ans, en classe de ballet à Genève.
J'amortis mes pointes.
Le maître russe enracine et lie plaisir et douleur en moi.
Je sais à présent que les deux centres perchent côte à côte dans le cerveau.
J'ai sept ans, dans les Alpes suisses,
je fais des bonhommes de neige, skie, cherche les oeufs de Pâques.
Ma mère rit, puis dit, ton père ne peut rester seul.
J'ai huit ans, dans le Jura.
Je suis folle de mon chien, je joue aux échecs avec mon père.
Je suis en extase.

J'ai neuf ans, à Tarragone.
Ma grand-mère et moi allons au marché
acheter les coings amers et âcres qu'elle adore.
J'ai dix ans.
Mon cousin me noie dans les belles eaux bleues
de la Méditerranée espagnole parce que je lui ai jeté du sable.
Ma tête heurte le fond dur, mes poumons sont privés d'air.
J'ai pour dernière pensée, personne ne sait où je suis.

J'ai onze ans.
Ma mère fait des confitures d'abricots, de fraises, de pêches
et de prunes. Elle a rempli la maison du parfum grisant des gardénias.
Mon frère pique une nouvelle crise de nerfs.
J'ai douze ans, en cours de maths. C'est une crise de fou rire.

I'm six years old, in ballet class in Geneva, breaking my point shoes.
The Russian master ingrains in me the correlation
between pleasure and pain.
I now know the two centers sit next to each other in the brain.
I'm seven years old, in the Swiss Alps,
making snowmen, skiing, hunting for Easter eggs.
My mother's laughing. She then says, your father can't be left alone.
I'm eight years old, in the Jura mountain,
in love with my dog, playing chess with my dad.
I'm ecstatic.

I'm nine years old.
My grandmother takes me to the market in Tarragona,
to buy the bitter and pungent quince she craves.
I'm ten years old.
My cousin is drowning me in the beautiful blue waters
of the Spanish Mediterranean because I threw sand at him.
My head hits the hard bottom, all the air's gone from my lungs.
My last thought is, no one knows I'm here.

I'm eleven years old.
My mother makes jam with apricots, strawberries, peaches and plums.
She has filled the house with the intoxicating scent of gardenias.
My brother throws another temper tantrum.
I'm twelve years old in math class, a mad laughter session.

J'ai treize ans.
Le Conservatoire de Musique de Genève est de la magie pure,
un monde enchanté que j'habite seule, la clé de mon âme.
Ma professeur de piano croit tant en moi.
J'ai quatorze ans, à la lisière des mondes.
Ma tante a épousé un fachiste. Il a pris mon père à la gorge.
C'est le milieu de la nuit. C'est bruyant. Je ne peux pas dormir.

J'ai quinze ans, au Pays de Galles, sur un cheval fabuleux,
galopant au nord, le long de falaises étourdissantes,
ensorcelée par le vent celte,
abandonnant mes désirs dans la poussière.
J'ai seize ans, je pars pour San Diego, la Californie.
Ma mère est en pleurs à l'aéroport de Paris.
Elle me brise le coeur, mais l'appel est plus fort.

J'apprends à ne pas m'attacher,
à faire confiance à la maturité du temps,
que tout arrive au bon moment, à apprécier ce que j'ai.
Je suis en contact avec mes os, énergie qui m'habite.
La richesse et texture de l'espace me comblent,
m'élèvent, me font osciller, vibrer.
Je deviens le son de cloches tibétaines, un écho flottant dans le cosmos.
Je perçois le monde entier, la vie suspendue.

I'm thirteen years old.
The Music Conservatory in Geneva is sheer magic,
an enchanted world I inhabit alone, the key to my soul.
My piano teacher has so much faith in me.
I'm fourteen years old, in between worlds.
My aunt married a fascist. He has taken my dad by the throat.
It's the middle of the night. It's loud. I can't sleep.

I'm fifteen years old, in Northern Wales,
riding a fabulous horse along the stunning steep cliffs,
racing him to a full gallop in the bewitching Celtic wind,
relinquishing cravings in the dust.
I'm sixteen years old, off to San Diego, California.
My mother is crying at the Paris airport.
She is breaking my heart. But the pull is stronger.

I'm learning to let go, to trust the ripeness of the moment.
That everything happens at the right time.
To appreciate what I have.
I'm connected to my bones. They are energy I inhabit.
I'm filled with the richness and texture of space, uplifted,
vibrating, reverberating. I become the sound of Tibetan bells,
echoing and hovering in the cosmos.
I perceive the whole world below, life in suspension.

Le diablotin itinérant

> *Certains jours une ombre à travers*
> *La haute fenêtre partage ma Prison.*
> —Geoffrey Hill

Ma vie est un diasporama
    Projetant la même image,
        Toujours et encore,
Un monde tout illuminé entraperçu
    Derrière des barreaux,
        Un monde qui s'échappe au nord et au sud,
Tandis que je regarde l'Ange, transpercée,
    Éblouie par la blancheur du temps.

The Peripatetic Gremlin

Some days a shadow through
The high window shares my Prison.
            —Geoffrey Hill

My life is a slide show
    Projecting the same image
        Again and again,
A glimpse into a world full of light,
    From behind bars,
        A world that escapes North and South,
As I stare at the Angel,
    Blinded by the whiteness of time.

El recuerdo

La première fois que j'ai séjourné chez ma tante à Paris,
Je vivais encore près de Genève.
Son petit studio était un perchoir au sommet
D'un vieil immeuble en pierre sur un boulevard fréquenté.
C'est là que j'ai bu d'un bol pour la première fois.
Elle avait un chat et un fauteuil à bascule.
J'ai pensé, comment peut-on préférer une ville
À la splendeur des Alpes.
La première fois que j'ai rendu visite à mes grands-parents
À Tarragone, par moi-même, j'avais à peine six ans.
Ma grand-mère m'a offert un biscuit, simple et unique,
Comme je n'en ai trouvé nulle part ailleurs,
Et elle a prononcé le mot magique, galleta.
C'est le premier mot qu'elle m'a appris.
Nous avons regardé un jeu à la télé, el juego de la oca,
Ce sont les mots qui ont suivi.
C'est ainsi qu'enveloppée d'amour inconditionnel,
J'ai découvert la langue de Cervantes,
Et de Dieu, comme on la nomme.

El recuerdo

The first time I visited my aunt in Paris,
I still lived near Geneva.
She perched in a tiny studio
Atop an old stone building on a busy boulevard.
There I drank from a bowl for the first time.
She had a cat and a rocking chair.
I thought, why would anyone choose a city
Over the splendor of the Alps.
The first time I visited my grandparents in Tarragona,
On my own, I was barely six.
My grandmother offered me a unique and plain cookie,
Of the kind I haven't encountered anywhere else,
And uttered the magic word, galleta.
That is the first word I learned with her.
We watched a game on TV, el juego de la oca,
And these became the next words.
This is how, enveloped in unconditional love,
I discovered the language of Cervantes
And of God, as it is called.

Une maison navire

Je vis dans une maison navire,
    Parfois sur terre, parfois sur mer.
J'existe par force de volonté,
    Je m'abandonne, invite la grâce du ciel.
J'obéis à l'appel de la sirène.
    Sur le navire fantôme,
Je ne sais si je suis vague ou nuage,
    Ondine ou goéland.
Fouettée par les vents, je m'aggrippe bien au mât.
    Rares sont ceux qui reviennent du voyage.
Je porte désormais la mémoire du néant,
    Un morceau de voile blanche enroulé comme une seconde peau.

A House Like a Ship

I live in a house that's a ship,
    At times on land, at times on ocean.
I will myself into existence,
    Surrender, invite grace in.
I heed the call of the siren.
    On the phantom ship
I don't know if I'm a wave or a cloud,
    Undine or seagull.
Whipped by winds, I hang tight to the mast.
    Few return from the journey.
I now wear the memory of nothingness,
    A piece of white sail wrapped like second skin.

Étreinte de la Lune

*C'est maintenant le moment de savoir
que tout ce que tu fais est sacré.*
—Hafiz

Nous avions partagé la côte du Maine en juin,
    des sandwichs de homard, spécialités de crêpes,
        une chambre avec baignoire antique à Bar Harbor,
        et des centaines de baleines.
Ces ombres forment à présent un cloître adoré,
    orfèvre de la musique du temps.
        Elle est partie par la force des circonstances.
Je rêve de lui offrir des fraises lors des lunes sacrées,
    guérie par la beauté et la mémoire des souvenirs,
        prête à repartir comme si de rien.

Twisting the Moon

Now is the time to know
that all you do is sacred.
—Hafiz

We shared the coast of Maine in June,
    lobster sandwiches, buttermilk pancakes,
        a room in Bar Harbor with antique bath tub,
        and hundreds of whales.
They're now a cloister of shadows loved,
    goldsmith of the music of time.
        She left when circumstances met.
I dream of offering her strawberries on sacred moons,
    remember the beauty of memories heals,
        to start over as if knowing nothing.

L'architecte galactique

Au bout d'une échelle dans le ciel,
Je me suspends dans le vide,
Avec pour seul besoin le bleu outremer.
Que la simplicité règne
Et bâtisse une maison pour que l'esprit
Se repose et s'élève.
J'ai confiance, maître de moi, en équilibre,
Les ressources au bout des doigts,
Avec des racines profondes soutenues par des fantômes,
Les fondations d'un trône,
Pour explorer et revendiquer des mondes entiers,
Surprise de te trouver à mes côtés,
Illuminant ma vie.

The Galactic Architect

Down a ladder in the sky,
I hang in the void.
Ultramarine is all I need.
Let it be simple,
Build a house for the spirit
To rest and soar.
I trust, self contained, in equipoise,
Resources at my fingertips,
Deep roots with ghosts of support,
The foundation for a throne,
To explore and claim whole worlds,
Surprised you're there with me,
Lighting up my life.

Pantoum d'Ouranoupolis

Un chant d'amour lancé dans les profondeurs de l'immensité
—Carl Sagan

Elle m'apparut en rêve une nuit,
Luminescente, de blanc vêtue, allègre,
Bien plus jeune que dans mes souvenirs,
Bénissant mon retour à Chalkidiki.

Luminescente, de blanc vêtue, allègre
Pour la première fois depuis son abrupt départ,
Bénissant mon retour à Chalkidiki,
Où les montagnes saintes s'étirent dans la mer.

Pour la première fois depuis son abrupt départ,
Des monastères sculptés en haut des rochers provoquent soleils et cieux,
Les montagnes saintes s'étirant dans la mer,
Trident ancré dans l'Égée.

Des monastères sculptés en haut des rochers provoquent soleils et cieux,
Une ligne directe vers Dieu,
Trident ancré dans l'Égée.
Elle m'a embrassé avec tant d'amour,

Une ligne directe vers Dieu,
Nous ne faisions qu'une.
Elle m'a embrassé avec tant d'amour,
Effaçant toute souffrance ou douleur,

Nous ne faisions qu'une.
Finis les gâchis, greniers de maisons vides,
Où souffrances et douleurs n'existent plus.
Seulement le bohneur, et elle la Mage fleur,

Ouranoupolis Pantoum

A love song cast upon the vastness of the deep
　　　　　—Carl Sagan

She came to me once in a dream,
Luminescent, clad in white, elated,
So much younger than I ever knew her,
Thankful for my return to Chalkidiki.

Luminescent, clad in white, elated
For the first time since her abrupt departure,
Thankful for my return to Chalkidiki,
Where holy mountains stretch into sea.

For the first time since her abrupt departure,
Monasteries sculpted high on rocks lance skies and suns
Where holy mountains stretch into sea,
Trident beckoning the Aegean.

Monasteries sculpted high on rocks lance skies and suns,
A direct line to God,
Trident beckoning the Aegean.
She embraced me with such love,

A direct line to God,
We were only one.
She embraced me with such love,
Pain or suffering never existed,

We were only one.
No resources wasted like granary in empty houses,
Where pain or suffering never existed.
Only bliss, and she the flower Mage,

Finis les gâchis, greniers de maisons vides,
Elle me transforme en jardinière de souvenirs.
Seulement le bohneur, et elle la Mage fleur,
Rosiers grimpant à nouveau dans ma vie,

Elle me transforme en jardinière de souvenirs.
Je me suis réveillée remplie de joie, épanouie
Grâce aux rosiers grimpant à nouveau dans ma vie,
Moi aussi océan, sable, brise et miel de pin.

Je me suis réveillée remplie de joie, épanouie
Grâce aux rayons d'amour et d'innocence,
Moi aussi océan, sable, brise et miel de pin,
Transmuée telle un aperçu du présent.

Grâce aux rayons d'amour et d'innocence,
Bien plus jeune que dans mes souvenirs,
Transmuée telle un aperçu du présent,
Elle m'apparut en rêve une nuit.

No resources wasted like granary in empty houses,
She makes me gardener of memories.
Only bliss, and she the flower Mage,
Roses climbing back into my life,

She makes me gardener of memories.
I awoke with sheer joy, unfolded
Roses climbing back into my life,
I too sea, sand, wind and pine honey.

I awoke with sheer joy, unfolded
With beams of love and innocence,
I too sea, sand, wind and pine honey,
Altered like a glimpse into now.

With beams of love and innocence,
So much younger than I ever knew her,
Altered like a glimpse into now,
She came to me once in a dream.

II

*The forest knows where you are
you must let it find you*
    —David Wagoner

Then, from His place of ambush, God leapt out.
    —Rainer Maria Rilke

AIGLE

Sur le mur du temps à venir,
        Une fenêtre apparaît.

Je l'ouvre, laisse entrer les anges.

Le vortex dans son oeil
        Me fait tournoyer hors de moi-même;
            L'infini contenu dans son iris bleu
        Se referme sur moi,

Me saisit sous forme d'aigle,
        Ressuscite d'anciennes cicatrices,
            Absorbe espace et amour,
                S'épanouit en silence divin.

L'univers ne peut résister
        À ce poète.

Eagle

On the wall of time to come,
    A window appears.

I open it, let angels in.

The vortex in his eye
    Spins me out of myself,
        Infinity held in blue iris,
           Closes around me,

Snatches me in Eagle form,
    Resurrects old scars,
        Absorbs space and love,
           Blossoms into divine silence.

The universe cannot resist
        A poet like him.

Rituel

Je rencontre mon ami le goéland sur les rochers;
Envoûtés par l'océan, nous partageons ce rituel.
Je sens le vent, à travers mes cheveux,
M'aimer comme jamais.

Il ne cesse de me réveiller, persifleur,
Soufflant ton écho dans la nuit.
Seulement moi et le temps, c'est tout.
Le temps avalé comme ça.

Tes mots vibrent dans mon sang,
Je pourrais te lire à l'infini,
Espoir d'une route sans fin.
Comme je disparais dans tes yeux.

Il existe une douceur et une force irrésistibles,
Chasseur et traqué unis,
Une beauté qui coule à travers toi,
Me bouleverse et m'enchante à la folie.

Des centaines d'oiseaux remplissent le ciel
Pour voir le soleil se dérober, le jour s'éteindre,
Pendant que ton sourire éclipse la lumière
Et transforme le songe en sortilège.

Ritual

I meet my friend the seagull on the rocks;
Mesmerized by the ocean, we share this ritual.
I feel the wind through my hair,
Love me like never before.

It keeps waking me, taunting me,
Blowing your echo in the night.
It's just me and time, that's all it takes.
Time swallowed that simple.

Your words pulsate in my blood,
I could read you ad infinitum.
I wished the road never ended.
How I disappear in your eyes.

There is a softness and a power I cannot resist,
The hunter and the hunted in one,
A beauty that flows through you,
Overwhelms and delights me to insanity.

The sky fills with hundreds of birds
Who witness the sun steal away, the day die,
As your smile eclipses the light
And turns the dream into a spell.

Galahad

J'ai saisi l'épée,
L'ai posée sur le lit,
Et j'ai dit, je m'en vais.

À cheval sous la pluie,
Je bénis le passé,
Tous les dragons sont magnifiques,

Tous les fragments de ma vie, une oeuvre d'art.
Que le destin organise la rencontre
De deux personnes dans les bois.

Délicat, puissant et violent,
Le songe a pour merveille
Le don de guérir.

Oh, je suis Galahad,
Et n'ai nul besoin de chercher,
J'ai la certitude de mon chemin.

Une rencontre de hasard,
Il porte le faucon sur son bras,
Vise droit au coeur,

Et fait mouche.
Je n'ai qu'à partir, peu importe la route,
Je retombe entre larmes et extase.

Je scrute les vagues en quête de réponses.
Elles se soulèvent telles des fantômes,
Se désintègrent en particules de lumière.

Galahad

I took the sword,
Lay it on the bed,
And said, I'm walking away.

Riding the horse in the rain,
The past is blessed,
All dragons are beautiful,

All pieces of my life an artwork.
Let destiny arrange the meeting
Of two in the woods.

Delicate, potent and violent,
The dream is this wonderful;
It's the gift of healing.

Oh I am Galahad,
And I don't need to search,
I know I'm on the path.

A chance encounter,
He carries the falcon on his arm,
Aims straight for the heart,

And hits it precisely in the center.
Just go, whichever way I land
Leaves me between tears and ecstasy.

I scrutinize the waves for answers.
They raise themselves like ghosts,
Disintegrate into light particles.

Comme les orages sont forts et purifiants.
Alignée,
Je tiens bon comme un arbre.

La seule règle est d'être fidèle à moi-même.
Ne pas me trahir. Ce serait la plus grande blessure,
L'ultime souffrance.

Le dauphin bondit d'un nuage,
Me guide dans l'eau auprès des baleines,
Incessant océan aux forces transformatrices,

Les yeux de Dieu rivés sur moi.
L'air se remplit de plumes, l'aigle apparaît et dit,
Vole avec moi, laisse le vent t'emporter.

Storms are powerful and oh they cleanse.
In line with myself,
I'm like a tree and stay grounded.

The only rule is to be true to myself.
I don't abandon myself, that is the deepest wound,
The ultimate pain.

The dolphin jumps out of a cloud,
Takes me into the water with the whales,
An ocean of ever changing energies,

God's eyes watching over me.
The air fills with feathers, the eagle appears and says,
Fly with me, let the wind take you.

MÉTÉORE

Une femme magique, intemporelle,
    née de la roche,
        tient un bout de miroir
            en forme d'étoile.

Il me montre qui je suis
    et ne réfléchit rien.
        La paix dans l'immobilité
            ouvre les portes du néant.

Je veux trouver mon gîte,
    féconder un nid expansif,
        que la roche révèle le secret,
            la mémoire de l'univers.

Je vais au fil de l'eau,
    la gorge se resserre d'abord
        avant de s'ouvrir sur la prairie.
            Qu'est donc la vérité,

Une lutte acharnée réclamant des transformations;
    La vie réussit mieux tardivement,
        un cactus offrant ses fleurs.
            Le cadeau céleste détourne la souffrance,

Irrésistible aimant chatoyant,
    le refus de se rendre
        quand tout semble perdu,
            l'esprit rivé à l'infini.

Meteor

A timeless magical woman,
    born from the rocks,
        holds a piece of mirror
            in the shape of a star.

It shows me who I am
    and reflects nothing.
        Peace is in stillness,
            tapping into the nothingness.

I want to find home,
    pollinate an expansive nest,
        for the rock to reveal the secret,
            the memory of the universe.

I follow the stream,
    the canyon narrows first
        before opening into meadows.
        What is truth,

A tug of war arguing for change,
    life works out better later,
        a cactus surrendering flowers.
            The celestial gift distracts the pain,

Irresistible magnet shimmering,
    the refusal to stop playing
        when all seems lost,
            the mind focused at infinity.

Le temps retrouvé

Te souviens-tu
Quand tu étais loup et moi faon,
Quand tu étais une mouche attrappée dans ma toile,
Quand tu étais serpent et moi ourse,
Te souviens-tu comme nous nous sommes enchantés
À travers les siècles,
Dévorés l'un l'autre,
Transformés l'un en l'autre,
Te souviens-tu
Quand tu étais aigle et moi jaguar,
Quand nous étions deux dauphins s'embrassant,
Ou des couguars dans la pluie,
Si bien que maintenant
Nous ne pouvons nous distinguer l'un de l'autre,
Nos cellules enchâssées
Dans une tapisserie de vies partagées.

Time Remembered

Do you remember
When you were a wolf and I a fawn,
When you were a fly caught in my web,
When you were a snake and I a bear,
Remember how we enchanted
Each other through centuries,
Devoured one other,
Became the other,
Do you remember
When you were an eagle and I a jaguar,
When we were two dolphins kissing,
Or cougars in the rain,
So that now
We can't tell one from the other,
Our cells imbedded
In a tapestry of shared lives.

Un Esprit comme l'Éclair

Sans pesanteur,
    j'éclaterais en mille morceaux,
        mes réflections brillant d'éclats divers.
Catalyseur transformateur, je métamorphose
    tout se qui se trouve dans mon champ,
        étoiles effondrées, collisions de lumières.
Je m'affirme océan, mercure, aspects d'argent,
    contes de fées, fascinée.
L'étrangeté de cette atmosphère
    vous séduit, change votre état de conscience,
        transforme le sang, le fait monter à la tête,
        réveille le système.
Elle existe vraiment,
    mais les humains l'ignorent. Grâce à elle,
Vous êtes aspiré par votre prochaine destination,
    à l'imprévu, n'importe quand,
        votre esprit un éclair, poète prospère.
J'y suis déjà, carrillon de vérité,
    duelliste sans combat,
        dans l'étreinte du lac, à son écoute.

A Mind Like Lightning

Without gravity
    I'd fly into a thousand pieces,
        sparkle added on my different reflections.
I change whatever is in my field,
    fallen stars, lights collide,
        a catalyst for change.
I stay ocean, mercury, aspects of silver,
    fairy tales, fascinated.
The strangeness of this atmosphere
    seduces you, a shifted state of consciousness,
        shapes the bloodstream,
            provokes a rush, wakes up the system.
It does exist,
    humans don't go there.
It sucks you into the next destination,
    on and off, any time,
        a mind like lightning, prosperous poet.
I'm already there, ring the truth,
    a sword fighter not searching.
        Let the lake talk, embrace it.

L'État joyeux du Divin

> *Les étoiles griffonnent dans nos yeux les sagas glaciales,*
> *les chants embrasés de l'espace inconquis.*
> —Hart Crane

Des lances de lumière frappent le sol,
    désarment les os pétrifiés,
        excentriques pentagones étoilés.
Des nuages, sculptures dans le ciel,
    prototypes des rouages du cerveau,
        introduisent un contrat visionnaire.
Avec pour stratagème le souvenir du changement,
    laissons l'espace nous absorber,
        la conscience accrue.
Laissons l'épine dorsale progresser dans les quatre directions,
    sentir le présent, le temps mis en capsule,
        avec beaucoup de liberté pour le coeur et les poumons,
Ce premier souffle parmi les étoiles.
    Je me suspends, en bon charpentier,
        au dessus du gouffre, immense inconnu,
Je me hisse hors de là, concentrée où je pose pied,
    mes oreilles d'éléphant à l'écoute,
        je me manifeste,
Dépasse mes idées préconcues,
    permets à la vie d'exister
        en tant qu'état joyeux du Divin.

The Happy State of the Divine

Stars scribble in our eyes the frosty sagas,
the glowing cantos of unvanquished space.
—Hart Crane

Spears of light into the ground
    disarm petrified bones,
        an outlandish pentagram.
Clouds like sculptures in the sky,
    a blueprint of the machinery called mind,
        enter a visionary contract.
The clue is to remember the shift
    and let space take over,
        increase the awareness.
Let the spine move in four directions,
    sense the present, encapsulated time,
        lots of room for the heart and lungs,
That first breath among stars.
    Below me the abyss, huge unknown,
        I'm hanging over it, good carpenter,
Climb out of it, my elephant ears turned up,
    focus on where I put my feet,
        manifest myself,
Allow life to be
    other than I think it is,
        the happy state of the Divine.

Chrysalide

Nous avons reçu un cœur pour partage,
Merveilleux calice à savourer.
Je me déchire de l'intérieur,
Chrysalide ouvrant mes ailes,
Digue prête à éclater,
Remplie de créatures marines.
Les cycles éoliens carrillonnent,
Inéffable dévotion, réconfort de l'âme.
Ce rythme méthodique tisse une tapisserie
Qui existe hors du temps.
Je cherche d'anciens remèdes,
Un serpent déroulé le long de mon épine dorsale,
Sa tête derrière la mienne pour me guider,
Une demi-lune pendue dans le ciel,
Pour calmer mon esprit loquace.
L'énergie pure, joyau créé du néant,
Serpente et transforme flux et reflux en émoi cosmique,
Séduisante métamorphose dissipant les obstacles.

Chrysalis

We were given a heart to share,
Wondrous chalice to savor.
I tear myself from the inside,
Chrysalis opening into wings,
A dam about to burst,
Full of oceanic creatures.
Wind cycles stimulate the chimes,
Ineffable devotion to comfort the soul.
The rhythmic order weaves a tapestry
That exists in timelessness.
I seek ancient remedies,
A snake unwrapped along my spine,
Its head in the back of mine for guidance,
A half moon hung in the sky,
To quieten the loquacious mind.
Pure energy, the jewel created out of nothing,
Meanders its ebb into cosmic commotion,
Blowing away obstacles, enticing transformation.

Labourer le Cosmos

J'adore
    la grande prêtresse,
Ses yeux ouvrent toutes portes
    au profond de moi.
Je peux naviguer
    chaque souvenir.
Tout dans ma vie
    est un dessin que j'ai fait.
Elle est si féerique,
    un cyclone qui me traverse.
Je souhaite que chaque pensée
    brûle en cendres,
Une renaissance,
    et je suis sirène pour un nouveau possible.
Je désire
    devenir coquelicot jour après jour.
Il y a des moments où tout s'embranche
    et seule la grâce existe.
C'est ce à quoi je tends,
    cette merveilleuse découverte
Qui me rend émeraude,
    parvenir au coeur de moi-même
Et en découvrir l'explosion.
    Pour une artiste,
Rien ne vaut Jupiter,
    labourer le Cosmos,
Savoir que tout vaut la peine.
    Il existe une maison pour cela,
C'est pourquoi je continue à grimper,
    je sais que je trouverai le hibou.

Plowing the Cosmos

I love
    the high priestess.
Her eyes open
    all doors within me.
I can valley
    to every memory.
Everything in my life
    is a drawing I made.
She is so magical,
    pillaring through me.
I wish every thought
    burned like ashes,
A rebirth,
    and I am siren to new possibilities.
I wish
    I could poppy flower every day.
There are moments when everything branches
    and there is only grace.
This is what I green for,
    this beautiful discovery
That leaves me diamonds.
    To get to the root of who I am
And find the explosion of it.
    For an artist,
There is nothing like Jupiter,
    plowing the Cosmos.
To know it's not all in vain.
    There is a house for it,
That keeps me climbing.
    I know I'll find my owl.

III

*And I say unto you one must still have chaos in oneself
to be able to give birth to a dancing star.*
—Friedrich Nietzsche

*For me there is only the traveling on paths that have heart,
on any path that may have heart . . .
And there I travel, looking, looking breathlessly.*
—Carlos Castaneda

and the mystery itself is the gateway to perception.
—Lao Tzu

La pensée Divine est surprenante

Ma mère et moi sommes deux cygnes entrelacés.
Nous présentons au monde, sur scène, notre lien,
Notre intimité. Notre attachement est éternel.
La mise en scène est d'ordre Divin.

Nous faisons partie l'une de l'autre,
Une suite de mouvement, dance, beauté.
Ensemble, nous formons un tout, un coeur, un ange.
Notre centre contient un plateau

Que la vie remplira.
Nous créons et célébrons sans besoin de raisons,
La symmétrie de notre vérité une vision, une offrande.
Nous avons inventé le temps.

Plus nous le faisons disparaître,
Plus nous nous rapprochons du Divin.
Je sais ce que c'est d'absorber la nature des plantes,
De vivre du terroir et de la pluie.

Avant, j'existais en tant que fleur.
J'aime me transformer en animal,
Dévorer qui j'étais.
La terre ne me trahit jamais.

How God Thinks Is Surprising

My mother and I are two swans intertwined.
We show the world, on stage, our connection,
Our closeness. The bond never goes away.
God is the director of the play.

We're part of the other,
A continuation of movement, dance, beauty.
Together we form a whole, a heart, an angel.
Our core holds a plate to be filled

With what life brings.
We create a celebration for no reason in particular,
The symmetry of our truth a vision, an offering.
We invented time.

The more we make it disappear,
The closer to God we grow.
I know what it's like absorbing the nature of plants,
Living off the land and rain.

I used to be a flower.
I like transforming into an animal,
Devouring who I was.
The earth never fails me.

C'EST COMME ÇA

Telle l'oiseau pélagique de Patagonie,
Le fou aux pieds bleus,
Je voyage sur la route de feu,
Posée sur la roche qui transporte mon esprit.
Au Pérou j'ai pénétré la gueule du puma,
À travers ses dents, jusque dans sa tête,
J'ai tenu le ciel dans mes mains,
Des milliards d'étoiles vibrantes,
Le rythme d'un langage éternel.
Je me rappelle encore sa voix,
Un écho, répétant, tu es toute la lumière
Que j'ai jamais eue dans ma vie.
J'ai beaucoup marché,
À la recherche d'un lieu de repos,
Avec la foi que je trouverai
Ce qu'il me faut, une odyssée,
Une mer ancienne pleine de récifs de corail,
La promesse d'un nouveau départ,
Un sanctuaire construit par Dieu,
Un coin juste pour nous,
Avec des oies sauvages et des roseaux en abondance.

C'est comme ça

Like the pelagic bird from Patagonia,
The blue-footed booby,
I travel on the fire road,
Poised on the rock that carries my spirit.
In Peru I enter the puma's mouth,
Through his teeth, into his head,
Hold skies in my hands.
Billions of stars vibrate
A rhythmic timeless language.
I still remember her voice,
Echoing, you're all the sunlight
That's ever been in my life.
I walk around,
Looking for a place to rest,
I trust that I'll find
What I need, an odyssey,
An ancient sea full of coral reefs,
The promise of new beginnings,
A sanctuary built by God,
A spot just for us,
With wild geese and boundless reeds.

Ex Tempore

Rien n'est comparable à la mort.
Du haut de la splendeur verdoyante du Mont Valérien,
Dominant Paris avec sérénité,
Mon frère repose entre deux mondes,
Son cerveau inondé de sang.
Jour après jour, parcourant la Seine,
Je le regarde, fixement, respirer à travers le tube,
Presque étranger, et pourtant plus proche que jamais.
Ma seule pensée est,
S'il te plaît, Dieu, sauve-le.
Alors que l'automne s'intensifie,
Il vit une vie parallèle, cachée.
L'idée me vient que contrairement à son corps,
Il est en paix.
Aux urgences, une chambre remplie
De substances volatiles,
Je médite le mystère de l'apparition
Des fleurs dans notre évolution,
Les diverses lunes de Saturne, somptueuses,
Les orages uraniens,
Tandis que l'avenir de mon frère demeure énigmatique,
Et que nos âmes se diffusent dans une poussière d'éternité.
Ce qui se passe ici ne s'oubliera pas.

Ex Tempore

Nothing compares to death.
Atop the verdant magnificence of the Mont Valérien,
Calmly overlooking Paris,
My brother lies in between worlds,
His brain flooded with blood.
Day after day along the Seine,
I stare at him breathing through tubes,
Almost strangers, yet closer than ever.
All I can think is,
Please God, spare him.
As autumn deepens,
He lives a parallel life, unseen.
I get the idea that, unlike his body,
He is at peace.
In intensive care, a room filled
With volatile substances,
I ponder the mystery of the apparition
Of flowers in our evolution,
Of Saturn's many Moons, sumptuous,
Of Uranian storms,
While my brother's future remains enigmatic,
Our souls diffuse in a speck of eternity.
What happens here will not be forgotten.

Patience

La gratitude frappe à ma porte, fait fondre l'armure.
Ma mère m'attend dans le jardin d'herbes sauvages,
Agent du temps et de l'espace,
Témoin silencieux, allure éolienne, tourbillon dévoué.

Ma mère m'attend dans le jardin d'herbes sauvages,
Magnifique, consulte l'univers,
Témoin silencieux, allure éolienne, tourbillon dévoué,
Son corps une auréole blanche.

Magnifiques, consultant l'univers,
Les souvenirs envahissent le paysage couleur de thé,
Leurs corps une auréole blanche,
Glissent sur la douceur du bohneur.

Les souvenirs envahissent le paysage couleur de thé,
Innovateurs, se transforment en loups,
Glissent sur la douceur du bohneur,
Retrouvent leur meute, museaux excentriques.

Innovatrice, je me transforme en loup,
Puis en cheval fusionnant en léopard,
Je retrouve ma meute au museau excentrique,
Bondissant dans le monde.

Un cheval fusionnant en léopard,
La gratitude frappe à ma porte, fait fondre l'armure,
Bondit dans le monde,
Agent du temps et de l'espace.

Patience

Gratitude knocks at my door, melts the armor.
My mother waits in the wild grass garden,
Broker of time and space,
Silent witness, allure like wind, billowing devotion.

My mother waits in the wild grass garden,
Consults with the universe, magnificent,
Silent witness, allure like wind, billowing devotion,
Halo of white for a body.

Consulting with the universe, magnificent,
Memories waft in the tea colored landscape,
Halo of white for a body,
Glide from the sweetness of joy.

Memories waft in the tea colored landscape,
Innovative, turn into wolves,
Glide from the sweetness of joy,
Find their pack, eccentric muzzles.

Innovative, I turn into a wolf,
Now a horse merging into a leopard,
I find my pack, eccentric muzzle,
Leaping out into the world.

Now a horse merging into a leopard,
Gratitude knocks at my door, melts the armor,
Leaping out into the world,
Broker of time and space.

Le cheval d'hiver

Je rêve pour vivre,
lueur aux confins de la vie,
horloge à plusieurs mains,
chaman traversant
des mondes différents;
Je navigue le possible,
capitaine musicienne,
sans savoir si je suis fantôme.
Je suis la route
jusqu'au bout de l'horizon.
De l'autre côté du monde,
ma mère me souffle le chemin dans l'oreille.
Les rayons de la roue se desserrent,
pris dans un tourbillon de pensées
contenant l'humanité entière.
Je me manifeste pleinement
dans le pays des ombres,
solide cheval d'hiver.

The Winter Horse

I dream for a living,
glimmer at the edge of life,
a clock with many hands,
a shapeshifter moving
through different worlds,
I sail on the endeavor,
the captain a musician,
I don't know if I'm a ghost.
I take the road
to the end of the skyline,
my mother blowing directions in my ear
from the other side.
The spokes of the wheel loosen
amidst thoughts like windstorms
containing all of humanity.
I am fully manifested
in the land of shadows,
resilient, the winter horse.

Jean Cocteau dévoilé

Je me hisse hors de peintures sur panneaux,
Effleure les pulsations du temps,
Portée par une panthère, illusionniste rapace.
J'avance telle une ondulation sensuelle vêtue de brume.
Le soleil cannelle tisse des unicornes capricieux,
Imprègne les nuages de cardamom,
Stimule la peau,
Illumine la lune aux abords de l'univers,
Fait fondre la neige par grands coups de rayons,
Nous rappelle que c'est sauvage où nous vivons.

Unveiling Jean Cocteau

I step out of painted panels,
Touch the pulse of time,
Ride a panther, rapacious illusionist,
Ripple onward in the mist, sensual robe.
The cinnamon sun weaves whimsical unicorns,
Soaks cardamom clouds,
Quickens the skin,
Illuminates the moon in the world access,
Melts the snow in great shafts,
Reminds us it's a wild place we inhabit.

Aurora Mantis

Nous sommes arrivés à l'endroit
où tout est musique.
         —Rumi

Sommes-nous toujours plus fascinés par la légende?
    Et si elle vous rencontrait sur el camino,
        Une guérisseuse résidant au coeur de la compassion,

Jouant avec le sourire des messages de paix sur le clavier,
    Époussetant la bibliothèque de votre vie,
        Sifflant, suivez votre plume, vous êtes un chant?

Je souffle mes voeux dans l'univers,
    La cape céleste un modèle
        Pour assujettir les démons et contenir la vérité.

Surprise par ma propre nature, une terre lunaire,
    Oreilles changées en tambours, forêts anciennes,
        Je mue en serpents qui volent et dauphins qui s'embrassent,

Pélicans qui se côtoient et titans qui chevauchent les vagues,
    En pâtisseries sculpturales, à l'affût de vues expansives,
        En armoiries couronnées de colombes,

Avec au centre le caducée,
    Une identité à double fond, partition de magicien,
        Telle une eau venant d'éclore des mains.

Aurora Mantis

We have fallen into the place
where everything is music.
                —Rumi

Are we always more fascinated by the legend?
    What if it meets you en el camino,
        A healer that sits in the heart of compassion,

A peacemaker smiling the message on piano keys,
    Dusting the bookcase of your life,
        Whistling, follow your pen, you're a song?

I blow wishes out into the universe,
    The celestial cape a template
        To subdue demons and possess the truth.

Surprised by my own nature, a lunar earth,
    Ears turned drums, ancient woodland,
        I molt into flying serpents, dolphins kissing,

Pelicans touching wings, titans riding waves,
    Sculptural pastries, magnets of expanded vistas,
        A crest crowned by doves,

In its center the caduceus,
    An identity with a double lid, a magician's score,
        Like water coming out of hands.

Derniers reflets

> *Nous sommes faits de poussières d'étoiles*
> —Carl Sagan

Insaisissables,
    tous les couchers et levers de soleil,
        spectacle chimérique,
            je suis le rien qui est.
Dans la région la plus dense de la matière sombre,
    stupéfaite,
        inondée d'auréoles,
            j'ai fait jadis un rêve
Sans fin,
    pilier énigmatique
        du royaume de l'irréel,
            une sorte de rayon ésotérique.
Rappelle-moi
    les lois des forces constantes,
Flammes torrides
        qui forgent les équations.
Déchaîne
    l'infini mathématique,
Trace l'univers invisible
        du temps imaginaire.
Parachute-moi
    dans les vents stellaires,
        souffrance inexorable,
            bambou en dents de scie,
Terre cruelle,
    irrationnelle,
        qui détonne les balles du Cosmos,
            défiant le tigre.

Afterglow

We are made of stellar ash
                    —Carl Sagan

Elusive,
    all the world's sunsets and sunrises,
        a chimeric spectacle,
            I am the nothing that is.
In the densest region of dark matter,
    astounded,
        drenched in halos,
            I once had a dream
With no endpoint,
    enigmatic pillar,
        in the realm of the unsubstantial,
            a recondite sort of ray.
Remind me
    of constant power laws.
Fierce fires
    forge equations.
Unleash
    mathematical infinity.
Map the invisible universe
        of imaginary time.
Parachute me
    into stellar winds,
        the pain inexorable,
            serrated bamboo,
A dark Earth,
    irrational,
        igniting the bullets of the Cosmos,
            staring down the tiger.

Jeux d'esprit

Dans le rêve, nous sommes deux,
  Nous rattrappant sans cesse,
    L'un, curieux, d'esprit vulnérable,
      Poursuivant l'autre, d'esprit invincible,
     Sans cesse stupéfait par ses acrobaties,
    Sa nature surhumaine.

Mind Games

In the dream, there are two of me,
  Catching up with one another,
    One, curious, vulnerable mind,
      Pursuing the other, flawless, invincible mind,
     Forever in awe of its acrobatics,
     Its superhuman nature.

IV

A gate of dreams ajar on mystery's edge
 —Sri Aurobindo

You and I have spoken all these words,
 but for the way we have to go,
  words are no preparation.
 There's no getting ready,
  other than grace.
   —Rumi

so we live here, forever taking leave.
 —Rainer Maria Rilke

La rêveuse étonnée

Elle dort dans un grand sarcophage,
    sur une île gardée par des chats aux yeux laser,
        consacrés à sa vie et à sa mort.

Le coeur géant, baleine bleue, de son amant, lui permet
    de se poursuivre avec intégrité.
        Les baisers sont un transfert de pouvoir.

Une conscience nouvelle pénètre son royaume,
    la voilà vêtue de pierres précieuses, en forme de triangle unique,
        création antique ressuscitant le passé.

Elle rassemble les fantômes, se rapproche des ancêtres,
    reprend les ailes qu'elles avait abandonnées,
        libère l'arraignée, grand-mère conteuse d'histoires.

What Surprises the Dreamer

She sleeps in a big sarcophagus
    on an island guarded by cats with laser eyes,
        dedicated to her life and death.

Her lover's giant heart, blue whale, allows her
    to pursue herself with integrity.
        Kisses transfer power.

A new awareness penetrates her realm,
    she's clad in precious stones, crafted in unique triangle,
        antique creation bringing the past alive.

She gathers the ghosts, connects with ancestors,
    picks up the wings she dropped,
        releases the spider, grandmother story teller.

Illusionnistes

Il était une fois une ensorceleuse
Qui possédait deux pierres.
L'une vous révélait
Si une personne ou situation vous feraient du bien,
L'autre vous endormait.
Elle me donna la pierre de l'ignorance,
Et un rendez-vous avec elle.
Cependant je découvris la manigance.
Car la pierre reconnut mon âme,
Tout comme je reconnus la sienne,
Et me donna l'opportunité d'acquérir l'autre.
Donc lorsque je revis la dame,
Je pus les échanger sans qu'elle s'en aperçoive,
Et j'ai gardé la pierre du discernement
Pour ses dons de protection et de clarté.

Tricksters

There once lived a witch
Who possessed two stones,
One that let you know
If a person or situation was beneficial to you,
And one that made you sleepy.
She gave me the stone of unknowing
And an appointment with her.
But I found out what the stones did.
For the stone saw my spirit,
As I too saw its spirit,
And offered me the choice to acquire the other.
So when I encountered the lady again,
I switched them without her noticing,
And kept the stone of discerning
For its gifts of protection and clarity.

L'Univers Stupéfait

Je suis née dans la phase sombre de la Lune,
Le Messager et le Guerrier côte à côte.
Il pleut fort à Paris,
Le son percussif perce l'illusion,
Ma maison un temple ou une péniche enchantée,
Le verglas gelant les abords de la vie.
Quand souffle et battements de coeur se synchronisent,
Il existe des mondes que j'habite sans même le savoir.
La beauté de la ville me laisse froide,
Je veux mourir de manière remarquable,
Devenir mon double, sortie de l'abîme,
Pénétrer l'univers parallèle, en harmonie cette fois.

The Astonished Universe

I was born in the dark of Moon,
The Messenger and Warrior side by side.
It rains hard in Paris,
The percussive sound cuts through illusion,
Home a temple or enchanted barge,
Ice forming on the edges of life.
As breath and heartbeat synchronize,
There are worlds I don't even know I inhabit.
The beauty of the city leaves me cold,
I want to die remarkably,
Become my twin, pulled from the abyss,
To enter the parallel universe, realigned.

Caverne Neptunienne

Je m'attache aux choses pour vivre,
    comme la pénombre s'attache à la lumière,
Je les laisse venir à moi,
    il me faut du temps pour me défaire de principes.
Je m'émerveille de voyager en gondolfière,
    de trouver ma place dans le monde.
Chaque jour prépare à la mort,
    je laisse les chemins se chevaucher,
Une recette de magicien pour faire naître le désir,
    savoir quand se rendre visible ou invisible.
La transition au rêve est imperceptible,
    un soupir sur un instrument à vent.
J'atteinds le fond de l'océan et en extrais le corail,
    telle une fleur animale qui se déploie pour prospérer.
J'attends toujours la pluie.
    Des orages couvent à la proue,
Me forcent au calme,
    tulipe blanche reposant sur des lys ouverts,
Armée de volonté pour faire peau neuve,
    me nourrir des sédiments de la rivière,
Graver et brûler des ombres dans la terre,
    tailler des silhouettes fantômes dans la boue.
L'art est une renaissance étenelle,
    la manière dont nous choisissons de nous exprimer
    et de suivre les instructions Divines.

Neptunian Cavern

I get attached to things to live
    the way darkness gets attached to light,
I let them come to me,
    it takes a while to remove assumptions.
I marvel at travels in air balloons,
    finding my place in the world.
Everyday prepares for death,
    I let paths overlap,
A magician's recipe to produce desire,
    knowing when to be visible or invisible.
The transition from the dream is imperceptible,
    a whisper on a stringed instrument.
I reach the bottom of the ocean to retrieve coral,
    a flower animal extending myself to thrive.
The rain hasn't come yet.
    Storms brew at the prow,
force me into stillness,
    a white tulip resting on open lilies.
Be willing to sweep the floor,
    feed from the sediment of the river,
Carve shadows burned in ground,
    craft ghost figures out of mud.
Art is perpetual rebirth,
    the way we choose to express ourselves,
        the way we take directives from God.

EN QUÊTE D'IMMORTALITÉ BIENVEILLANTE

Crois donc ce que je vois,
Mars indiquant la Lune, une carte harmonique,
Et non ce que la raison indique.
Ma mère a tant sacrifié.
J'essaie de réparer des liens fracturés, morcelés,
D'éclairer l'abri du passé.
Nous avons entassé des vies entières dans des valises,
À la recherche de ce qui nous choisit,
De ce qui demande à remonter à la surface,
De ce qui a besoin d'être dit.
Nous avions tellement de rêves nous ne savions qu'en faire.
Ainsi donc, armée d'oreilles léopardines,
J'entends, au delà des limites du son,
L'ineffable, le sublime,
Le souffle de ma mère, le sourire de ma grand-mère,
Les voix ancestrales qui apaisent et soulagent le chagrin.

In Search for Benevolent Immortality

Believe what I see,
Mars signaling the Moon, a harmonic map,
Not what the mind tells me.
My mother gave up so much.
I try to mend broken pieces of connection,
Let light flicker into the sheltered past.
We packed whole lives into bundles,
In search for what chooses us,
For what wants to come back to the surface,
For what needs to be said.
We had so many dreams we didn't know what to make of them.
And so, with leopard's ears,
I hear beyond the range of sound,
The ineffable, the sublime,
My mother's breath, grandmother's smile, ancestors' voices,
To soothe and heal the sorrow.

Shuriken

Son âme dénuée de forme, demeure propice,
    occupe tout l'espace qui m'entoure,
        se propage, empreinte de douceur,
            me berce et m'apaise.

Le cœur, force qui unit toute vie,
    arme étoilée à capturer les rêves,
        mandala qui dépasse l'imagination,
            annonce l'avenir.

Il découvre la lune à la lisière du monde,
    les brumes ascendantes, oracles parfumés,
        ses yeux de coyote invitation, remède magique.
            Écoute la musique du vent,

Une danse indomptée, cérémonielle.
    Pénètre le temple de bouleaux,
        une myriade de feuilles scintillantes,
            pyramides de crystal et de lumière,

Étincelles électriques stimulant l'inconscient.
    Dresse l'esprit comme un cheval,
        observe les pensées, nuages dans le ciel,
            saisis le sabre, rayon lumineux, pour t'en défaire.

Laisse les guerres intérieures s'évanouir dans la pluie,
    le secret est d'embrasser le néant,
        de nager libre, l'âme devenue poisson bleu,
            mon maître zen à moi, habitant des mers.

Shuriken

His soul shapeless, auspicious abode,
    takes all space around me,
        percolates with a tinge of sweetness,
        lulls me into stillness.

The heart, power that binds all life,
    star weapon to capture dreams,
        mandala beyond imagination,
        beckons the future.

He finds the moon at the rim of the world,
    mists rising from the ground, fragrant oracle,
        coyote eyes invitation to healing and magic.
        Hear the music of the wind,

Untamed dance and ceremony.
    Enter the temple of aspens,
        a myriad glistening leaves,
        crystal pyramids one with light,

Electrical sparks to stimulate the unconscious.
    Train the mind like a horse,
        watch thoughts, clouds in the sky,
        take the sword, brilliant ray, and sever some.

Let inner warring melt in the rain,
    the secret is to become nothing,
        swim free, the spirit a blue fish,
        my own zen master, a sea dweller.

Tambours distants

Dans le vide sacré, j'habite
La partie ancienne de ma psyché.
La sagesse au fond de moi, une femme débridée,

En rythme avec la force amniotique des océans,
Observe le monde au lieu de penser,
Enfantine, innocente, émerveillée,

Alors que mon esprit construit, tel un artisan
Qui a besoin de mémoire émotive.
Il n'y a rien à faire.

J'oscille comme l'herbe dans l'eau,
Demi-poisson, à travers des rayons verts et pourpres,
Mon corps ma maison, sanctuaire précieux.

Suivons le courant du fleuve,
Le coeur à vif, protégé malgré tout,
L'amour un absolu impossible à résister.

Je rends honneur à son intensité, ses flammes,
Abandonne toutes illusions.
Que les vents éparpillent les feuilles de musique

Parmi les fraisiers en fleurs;
Souviens-toi que les ténèbres sont nécessaires à la lumière.
L'histoire est sans fin.

Distant Drums

In the sacred void, I inhabit
The ancient parts of my psyche.
The wise woman inside me, unbridled,

In rhythm with the amniotic tug of oceans,
Looks at the world instead of thinking,
Childlike, innocent, full of wonder,

My mind a craftsman putting constructions together,
In need of emotional memory.
There is nothing to do.

I oscillate like grass in water,
Half fish, through green and purple rays,
At home in my body, precious sanctuary.

Flow with the river currrent,
The heart raw yet protected,
Love an absolute I can't fight.

I honor its depth, flames,
Surrender all illusion.
Let music sheets be blown by winds

Amid strawberries in bloom,
Remember darkness is part of light.
The story never ends.

À MES FUNÉRAILLES

> *Rien ne naît ni périt, mais ce qui existe déjà*
> *fusionne et se sépare à nouveau.*
> —Anaxagoras

Quelqu'un a parlé à ma mort,
Mais je n'étais pas morte.
Tout le monde a aimé l'oraison funèbre,
Personne ne s'en est lassé.
Ce n'était pas triste du tout.
Toute cette eau est venue de nulle part,
S'est mélangée à l'air,
Et la fluidité vous transformait de solide
En liquide en éther et vice versa.
Les chats flânaient dans la condensation.
Je me rappelle les chercher,
Car les trouver signifiait
Qu'il n'y avait pas de mort.

At My Funeral

Nothing is born or perishes, but already existing
things combine, then separate anew.
—Anaxagoras

Somebody spoke at my death,
But I wasn't dead.
People loved the eulogy,
Couldn't get enough of it.
It wasn't sad at all.
All this water came out of nowhere,
Mingled with air,
And the fluidity converted you from solid
To liquid to ether and back.
Cats sauntered in the condensation.
I remember looking for them.
Finding all the cats meant
There was no death.

Envoûtée

Endors-toi à l'orée du lac ce soir,
Sans frontières, comme une fée,
Je suis le chant de l'aigle, un appel,
La lumière défiant la pesanteur,
Quelqu'un avec qui décrocher les étoiles,
Erreur sur la personne,
Larmes transformées en poissons dans l'air,
Force qui propulse de l'avant,
S'abandonne, proclame qui je suis,
Avec un passport divin,
Une volonté explosive,
Des mots pour balles,
Je te donnerai tout ce que j'ai à offrir,
Poussière d'étoiles, silence,
La grâce du ciel et des flûtes comme le vent,
Espiègle, malicieuse, convenable ou pas,
Extirpée hors de moi-même dans le sortilège,
Je demanderai l'impossible, l'impensable,
Je me déplace si vite, essoufflée,
Délicate création,
J'ai dû marcher à quatre pattes,
Étirée, ni humaine ni animale,
Une créature que seule la magie dévoile.

Spellbound

Fall asleep at the lake tonight,
No boundaries, like a fairy,
I'm the eagle song, a calling,
Light defying gravity,
Someone you could steal horses with,
A case of mistaken identity,
Tears transforming into fish in the air,
A force that propels forward,
Surrenders, proclaims who I am,
With the kind of passport God has,
Her will an explosion,
Words like bullets,
I'll bring you everything I have to offer,
Stardust, silence,
Grace from heaven and flutes like wind,
Impish, mischievous, good and bad,
Pulled out of myself into the spell,
I'll ask anything, the unthinkable,
I move so fast, breathless,
Delicate craftsmanship,
I must've walked on all fours,
Elongated, neither human nor animal,
A creature you only see in magic.

About the Author

A citizen of the United States, France and Spain, Hélène is fluent in English, French, Spanish, German, Greek and Italian. Born in Paris of a Greek mother and Spanish father and raised all over Europe, she attended Hamilton College, New York, and the Sorbonne, Paris, where she wrote her thesis on Henry James for her Master's in American Literature. She worked as a translator and interpreter for the Canadian Embassy and the Chambre Française de Commerce Extérieur in Paris. She is also a teacher and dream analyst.

She has traveled extensively and lived in Geneva, Cambridge, London, Llandudno, Monte-Carlo, Bremen, Tarragona, Paris, New York City and Santa Monica.

A graduate of the American Academy of Dramatic Arts in New York City, she played Fuffi Drou in Lasse Hallström's *Chocolat*, Candy in Lawrence Kasdan's *Mumford*, as well as roles in *Law & Order* and *The New Adventures of Robin Hood*. Voice credits include *The Bourne Supremacy*, *The Terminal*, *Big Fish*, *The Interpreter*, *The Pink Panther* and others. For *Serendipity*, she co-wrote with Peter Chelsom the song *Lucienne*, which she also sang.